모든 슬픔이 사라진다

모든 슬픔이 사라진다

미선나무에서
아카시아까지
시가 된 꽃과 나무

김승희 · 에밀리 디킨슨 외
이루카 엮고 옮김

아티초크

일러두기

1. 이 책의 제목 '모든 슬픔이 사라진다'는 한국에만 자생하는 미선나무의 꽃말입니다.

2. 「미선나무에게」는 김승희 시집 『도미는 도마 위에서』(2017)에 수록된 작품이며, 난다출판사의 허가를 받아 재수록했습니다.

3. 월트 휘트먼, 아틸라 요제프, 베르톨트 브레히트의 시는 아티초크가 출간한 『오 캡틴! 마이 캡틴!』(2016), 『일곱 번째 사람』(2016), 『꽃을 피우는 사과나무에 대한 감격』(2023)의 번역저작권자로부터 허가를 받아 재수록했습니다.

4. 각 시인에 관한 소개는 이 책의 뒤편에 실었습니다.

차례

미선나무에게	15
오늘 웃는 꽃	18
수선화가 필 때는	20
나의 바라봄은 해바라기처럼	22
공기꽃	24
꽃	30
나 자신의 노래	32
아몬드꽃	37
아카시아꽃	38
아네모네	40
꽃과 함께	42
장미꽃에 관한 소네트 구절 모음	44
코스모스	46
풀	48

외론 할미꽃	50
꽃나무	51
바다가 변하야 뽕나무밭 된다고	52
파초	53
장미	55
만년청(萬年靑)	56
꽃에 물을 주는 뜻은	58
일경초	61
식물	63
무명의 구근	64
소리아의 들	66
태양의 스케치	69
구름처럼 외로이 헤매이는데	70
가을의 노래	73
어른거리는 장미	76
병든 장미꽃	78
미농의 노래	79
델피카	80
우울	82
은방울꽃	84
해바라기	86

나팔수선화	88
가을	92
비너스	94
스노드롭	96
정반대	97
놀라운 사랑에 관하여	98
제비꽃	100
짧은 연가	102
베를레	104
오월의 꽃	106
자두나무	108
빨강 카네이션	110
철쭉	113
제비꽃	115
화원에 꽃이 핀다	117
작가 소개	123

오늘 우는 꽃
내일 죽는 꽃
머물기 바라는 모든 건
우리를 유혹하곤 사라지지요
이 세상 사는 기쁨은 무엇일까요?

퍼시 버시 셸리

미선나무에게

이 봄에 나는 사랑을 고백하고 싶다
누구에게 못한 말을 누군가에게 하는 것처럼
1인분의 사랑의 말을 누군가에게 하려는 것이다
동백에게 못한 말을 매화에게
매화에게 못한 말을 생강나무에게
생강나무에게 못한 말을 산수유에게
산수유에게 못한 말을 산벚나무에게
앵두나무, 복숭아꽃, 살구꽃, 진달래, 철쭉에게
이 봄에 나는 누군가에게 해야 할 사랑의 고백을
어딘가에게 고백해야 한다
산수유가 피고 생강나무가 피고 미선나무가 피고 진달래가
피고 개나리가 피고 진달래가 피고 철쭉이 피는...
지칠 줄 모르고 이어지는 사랑의 봄을 나는 안다
어제의 비가 오늘의 비에게 편지를 쓰고
내일의 비가 어제의 비한테 편지를 쓰는 것처럼
눈물의 색은 똑같고

비 맞은 사람의 사랑의 고백은 끝이 없고
밀양 덕천댁 할머니와 김말해 할머니가 세월호 유족에게 편지를 쓰듯이
또 위안부 할머니들이 세월호 유족에게 편지를 쓰고
프란치스코 교황이 위안부 할머니들을 만나듯이
5.18 엄마들이 4.16 엄마들에게 편지를 쓰듯이
분홍 미선, 상아 미선, 푸른 미선아
봄은 이어지고 이어져 우리 앞에 봄꽃들의 행렬은 끝이 없다
낙원도 이 땅이 버린 타락 천사 같은 하얀 사과 꽃 같은
미선나무 물푸레나무 쥐똥나무가 차례로 수북한 꽃을 피우듯이
당신에게 못한 1인분의 사랑의 말을
오늘 나는 또 누군가에게 꼭 해야 한다

— 김승희

오늘 웃는 꽃

오늘 웃는 꽃
     내일 죽는 꽃
머물기 바라는 모든 건
     우리를 유혹하곤 사라지지요
이 세상 사는 기쁨은 무엇일까요?
밤을 놀리는 번개는
     번쩍이지만 잠시뿐이죠

     미덕은 얼마나 약한가요!
       우정은 얼마나 드문가요!
사랑은 오만한 절망을 대가로
     얼마나 빈약한 행복을 파나요!
미덕, 우정, 사랑이 사라져도
그들이 준 기쁨이 사라져도 우리는
     우리의 것이라 부르는 모든 게 사라져도 살아남아요

하늘이 푸르고 밝은 동안
    꽃이 화려한 동안
밤이 오기 전 변하는 눈동자가
    낮에는 기쁨을 주는 동안
조용한 시간이 슬금슬금 다가오는 동안
꿈을 꾸세요, 그리고 잠에서 깨어나
    눈물 흘려요

— 퍼시 버시 셸리

수선화가 필 때는

(삶의 목적은 성장임을 아는)
수선화가 필 때는
'왜'를 잊고 '어떻게'를 기억하자

깨어남의 목적은 꿈꾸는 것임을 알리는
라일락이 필 때는
('그런 것 같다'를 잊고) '그렇다'를 기억하자

(우리의 지금과 여기를 낙원으로
놀라게 하는) 장미꽃이 필 때는
'만약'을 잊고 '그래'를 기억하자

머리로는 이해할 수 없을
모든 달콤한 것들이 필 때는
('찾기'를 잊고) '탐구하기'를 기억하자

그리고 (이따금 우리를 자유롭게 해 줄)
존재의 신비에 들 때는
'나'를 잊고 '나'를 기억하자

— E. E. 커밍스

나의 바라봄은 해바라기처럼

나의 바라봄은 해바라기처럼 맑다
길을 갈 때는 습관처럼
좌우를 살피고
뒤를 돌아보고
그럴 때마다
전에는 보지 못한 것이 보이는데
나는 눈이 밝기 때문이다
갓난아기가 자신이 태어났음을 안다면 느낄
그런 경이를 느낀다
그럴 때면 완전히 새로운 세상에
갓 태어난 듯한 기분이다

나는 데이지꽃을 믿듯 세상을 믿는다

그것이 눈에 보이기 때문이다. 하지만 나는 그에 대해 생각하지 않는다

생각하면 이해하지 못하기 때문이다

세상은 우리에게 세상에 대해 생각하라고 만들어진 것이 아니라

(생각한다는 것은 온전치 못한 눈을 갖는 것이다)

세상을 바라보고 세상과 조화하라고 만들어졌다

나에게 철학 따위는 없다, 감각이 있을 뿐 . . .

내가 자연을 논한다면 그건 자연이 무언지 내가 알기 때문이 아니라

자연을 사랑하기 때문이다

바로 그런 이유로 사랑하는 사람은 자신이 무엇을 사랑하고

또는 왜 사랑하며, 사랑이 무언지 모른다

사랑한다는 건 영원한 순수이며

순수의 유일한 표시는 생각하지 않는 것이다

— 페르난두 페소아

공기꽃

그건 운명이었지, 그녀와의 만남은—
들판 한가운데 서 있던 그녀는
그곳을 지나다
그녀를 보고 말을 거는
모든 이들의 지배자였지

그녀가 나에게 말하길
"산에 오르라. 나는 이곳을 떠나지 않노라.
나 대신 산에 올라
강하면서 부드러운 눈처럼 흰 꽃을 따 오라."

하여 나는 험한 산에 올라
바위 틈의 꽃,
잠들었는지 깼는지 모를 꽃,
그 꽃을 찾았지.

한아름 꽃을 안고 내려와
들판 한가운데 그녀에게
야생 백합꽃을 쏟아부었지,
우수수 우수수 폭포수처럼.

그녀는 눈처럼 흰 꽃을 거들떠보지도 않고
"이번엔
붉은 꽃만 따 오라,
나는 들판을 떠나지 않노라."

나는 사슴들이 오르는 절벽을 타고 올라
광기의 꽃을 찾아다녔지,
붉게 피어나 붉게 살고
붉기 때문에 죽는 꽃을 찾았지.

산에서 내려와 기쁨에 떨며
그녀에게 꽃을 주었더니
다친 수사슴의 피가 물들인 샘물처럼
그녀는 얼굴을 붉혔지.

그녀는 몽유병자처럼 나를 쳐다보더니
"다시 산에 올라
노란 꽃을 따오라, 노란 꽃을,
나는 들판을 떠나지 않노라."

하여 나는 꽃이 난무한 곳을 찾아

곧바로 산에 올랐지,
태양빛 사프란색 꽃,
갓 피어났지만 이미 영원해진 그 꽃을 찾아.

나는 다시 들판 한가운데
그녀를 찾아
노란 꽃으로
그녀를 뒤덮었지만

태양빛 꽃을 본 그녀는 미친 듯이 말하길
"내 종은 다시 산에 올라
색이 없는 꽃을 따 오라,
사프란색도 주홍색도 아닌 꽃을.

레오노라와 리지아[*]를 기릴 꽃,
내가 사랑하는 꽃을 따 오라,
잠의 색, 꿈의 색을 띤 꽃을.
나는 들판의 여왕이노라."

---

[*] 에드거 앨런 포의 단편소설 「리지아」에서 오랜 병을 앓다가 젊은 나이에 죽은 아름다운 리지아를 가리킨다. 레오노라는 포의 시 「르노어」를 가리킨다. 르노어는 포가 이루지 못한 사랑 또는 창조력의 상실을 상징한다.

하여 나는 높은 산에 올랐지.
빛의 흔적이 없는
아련한 영원의 동굴,
메데아의 마력 같은 산.

가지에도 피지 않고
돌 틈에도 자라지 않는 꽃
나는 감미로운 공기에 핀 그 꽃을
사뿐히 잘랐지.

눈먼 재단사처럼
그 꽃을 잘랐지,
공기를 줄기 삼아
사방에 만발한 공기꽃을.

산에서 내려와
여왕을 찾아가 보니
그녀는 들판을 거닐고 있었지,
이제 창백하지도 사납지도 않은 그녀는
몽유병자처럼 걸어
들판 저쪽으로 마냥 멀어져 가고

나는 그녀를 쫓아갔고 쫓아갔지
초원을 지나고 포플러 숲을 지나고

손과 팔로 공기처럼 가뿐히
그 모든 꽃을 품에 안고서도
여전히 공기꽃을 따면서,
가을걷이를 위해 부는 바람에 실려.

그녀는 얼굴 없이 앞서가네,
발자국도 없이 앞서가고 앞서가고.
그래도 나는 안개를 헤치고
그녀를 쫓아가고 쫓아가고.

색이 없는 꽃을 가지고,
희지도 노랗지도 않은 꽃,
시간이 녹아 없어지더라도
정점에서 그녀에게 꽃을 인도하기 위해.

― 가브리엘라 미스트랄

꽃

언젠가 가장 좋은 시기에
나는 씨앗 하나를 땅에 던졌다
거기서 꽃이 올라왔고
사람들은 그것을 잡초라고 했다

그들은 내 정원을 오가며
불만 섞인 말을 중얼거리며
나와 내 꽃을 저주했다

그 꽃은 키 크게 자랐고
빛의 왕관을 썼는데
도둑들이 야음에 담장을 넘어와
그 씨를 훔쳐갔다

그들은 마을마다 탑이 있는 곳마다
널리 멀리멀리 씨를 뿌렸다

어느새 모든 사람들이 외쳤다
"꽃이 너무나 예쁜걸!"

내가 우화를 말해 줄게요—
도망치는 사람은 들으시오
이제 모두가 씨를 가졌으니
거의 누구나 꽃을 키울 수 있다오

어떤 꽃은 예쁘고
어떤 꽃은 실로 초라한데
그런데 이제 다시 사람들은
그것은 잡초일 뿐이라고 한다

— 알프레드 테니슨

나 자신의 노래

풀이 뭐예요? 어린아이가 풀을 한 움큼 뜯어 와 물었다.
내가 어떤 대답을 할 수 있을까? 풀이 무언지 그 아이가 모르듯 나도 모르는데.

풀은 희망의 초록색 물질로 짜 만든 내 기질의 깃발인 것 같다.

혹은 그것은 어쩌면 하나님의 손수건,
그것을 발견한 사람이 이 손수건은 누구의 것이지? 묻도록
누군가 향수를 뿌려 일부러 떨어뜨려 놓은 선물, 기념물, 한 쪽 구석 어디에 주인의 이름이 새겨진 손수건,

풀은 어쩌면 그 자체가 어린아이, 식물이 낳은 갓난아이일지도.

혹은 풀 한 잎 한 잎은 동일한 상형문자인 듯,

넓은 지대에서든 좁은 지대에서든 똑같이 돋아나고
백인이 사는 곳에서처럼 흑인이 사는 곳에서도 자라는 풀,
나는 캐나다인, 버지니아 주민, 국회의원, 흑인들에게 똑같은 것을 주고
그들을 똑같이 맞이한다.

그런데 지금은 풀은 벌초하지 않은 아름다운 무덤의 털인 것 같다.

둥글게 말린 풀잎들아, 나는 너희를 조심조심 다루겠노라,
너희는 젊은이들의 가슴에서 생겨 나오는지도 모르니까,
내가 그들을 알았더라면 그들을 사랑했을지도 모르니까,
너희는 노인들에게서 생겨나는지도, 엄마의 품에서 너무 일찍 목숨을 빼앗긴 아기들에게서 생겨나는지도 모르지,
그렇다면 이제는 너희가 엄마의 품이로구나.

이 풀은 나이 든 어머니의 흰머리에서 자라났다고 보기에는 너무 짙고,
노인의 퇴색한 수염보다 더 짙고,
불그스름한 입천장 아래에서 왔다고 보기에도 정말 짙구나.

오, 결국 나는 수많은 혀의 말을 감지한다,
그 혀들이 쓸데없이 입천장에서 자라는 것은 아님을 감지한다.

죽은 젊은 남녀에 대한 암시를,
노인과 어머니, 엄마의 품에서 일찍 목숨을 빼앗긴 아기들에 대한 암시를 해석할 수 있으면 좋겠구나.

그 젊은이들과 노인들은 어찌된 걸까?

여자들과 어린아이들은 어찌된 걸까?

그들은 어딘가에 살아서 잘 있노라,
새싹은 가장 작은 것이라도 사실은 죽음이란 없음을 보여 준다,
혹시 있다 해도, 끝나는 지점에서 생명을 막으려 기다리지 않는다,
죽음은 생명이 나타나는 순간 죽는다.

모든 것은 앞으로 밖으로 나아가며, 꺾이는 것은 없노라,
사람들의 생각과는 달리 죽음은 오히려 복된 것이로다.

— 월트 휘트먼

아몬드꽃

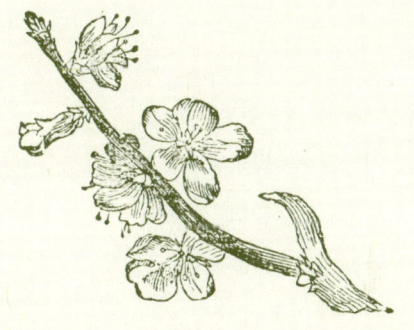

불행할 때
행복한 때를 꿈꾸면 희망은
잎 없는 가지에 피는
은빛 아몬드꽃처럼 싹튼다네

— 토머스 무어

아카시아꽃

향기로운 아카시아는 질투하고
달리아는 거드름 부리고
감송은 한숨지으며 사랑을 말하고
축일의 장미는 웃음을 말하고
노란색 꽃은 미움이고
빨간색 꽃은 분노이고
흰색 꽃은 결혼을 뜻하고
자줏빛 꽃은 수의를 뜻한다

— 페데리코 가르시아 로르카

아네모네

인생의 서리를 지기엔 넌 너무 약하다
그러니 폭풍우가 치면 닌 죽을 것이다
사랑의 신이 홀로 간직하고
가슴에 품어야 할 작은 꽃

사랑의 신이 바위처럼 우뚝 서서
너를 보호하는 동안
훈훈한 산들바람만이 향기로이
너를 감싸야 할 것이다

— 작자 미상

꽃과 함께

나는 내 꽃 속에 나 자신을 감춰요
가슴에 그것을 단 당신은, 아무것도 모르는 당신은
나도 함께 달려 있다는 걸 몰라요—
나머지 이야기는 천사들이 다 알아요

나는 내 꽃 속에 나 자신을 감춰요
당신의 꽃병에서 나와 시드는데
당신은, 아무것도 모르는 당신은
나를 외로운 사람으로 느끼는군요

— 에밀리 디킨슨

장미꽃에 관한 소네트 구절 모음

빨간 장미, 흰 장미, 색색의 장미를 보았지만
그녀의 볼 같은 장미는 보지 못했어요
(소네트 130)

당신이 저지른 일로 슬퍼하지 말아요
장미도 가시가 있고 은빛 샘에도 진흙이 있어요
구름과 이클립스는 달과 해를 물들이고
예쁜 꽃봉오리도 그 안에는 징그러운 애벌레가 있어요
(소네트 35)

장미는 보기에 아름답지만 그에 깃든 향기가
장미를 더 아름답게 만들어요
(소네트 54)

— 윌리엄 셰익스피어

코스모스

빛난다
유리 같은 공기 속에서!
뽑은 듯 나릿한 몸매
살랑거리는 모양이 눈에 보인다
가벼운 속삭임이 흘러
눈썹을 간즈린다

밖엔
고달픈 애수가 헤매고 있다
벗은 나무들 피곤한 팔 드리우고
가을바람은 마른 잎을 뿌린다

웃음과 눈물
좀 더 가까이 서자

빛난다

유리 같은 공기 속에서

밝게! 차게!

— 백국희

풀

풀, 여름 풀
요요기* 들(野)의
이슬에 젖은 너를
지금 내가 맨발로 삽붓삽붓 밟는다.
애인의 입술에 입맞추는 마음으로.
참으로 너는 땅의 입술이 아니냐.

그러나 네가 이것을 야속다 하면
그러면 이렇게 하자—
내가 죽으면 흙이 되마.
그래서 네 뿌리 밑에 가서
너를 북돋아 주마꾸나.

그래도 야속다 하면
그러면 이렇게 하자—

---

* 일본 도쿄의 지명

너나 내나 우리는
불사(不死)의 둘레를 돌아다니는 중생이다.
그 영원의 역정에서 닥드려 만날 때에
마치 너는 내가 되고
나는 네가 될 때에
지금 내가 너를 삽붓 밟고 있는 것처럼
너도 나를 삽붓 밟아 주려무나.

— 남궁벽

외론 할미꽃

밤이면 고총 아래 고개 숙이고
낮이면 하늘 보고 웃음 좀 웃고
너른들 쓸쓸하여 외론 할미꽃
아무도 몰래 지는 새벽 지친 별

— 김영랑

꽃나무

벌판한복판에꽃나무하나가있소. 근처에는꽃나무가하나도 없소. 꽃나무는제가생각하는꽃나무를열심으로생각하는것처럼열심으로꽃을피워가지고섰소. 꽃나무는제가생각하는꽃나무에게갈수없소. 나는막달아났소. 한꽃나무를위하여그러는것처럼나는참그런이상스러운흉내를내었소.

— 이상

바다가 변하야 뽕나무밭 된다고

걷잡지 못할만한 나의 이 설움,
저무는 봄저녁에 져가는 꽃잎,
져가는 꽃잎들은 나부끼어라.
예로부터 일러오며 하는 말에도
바다가 변하야 뽕나무밭 된다고.
그러하다, 아름다운 청춘의 때의
있다던 온갖 것은 눈에 설고
다시금 낯모르게 되나니,
보아라, 그대여, 서럽지 않은가,
봄에도 삼월의 져가는 날에
붉은 피같이도 쏟아져 나리는
저기 저 꽃잎들을, 저기 저 꽃잎들을.

— 김소월

파초

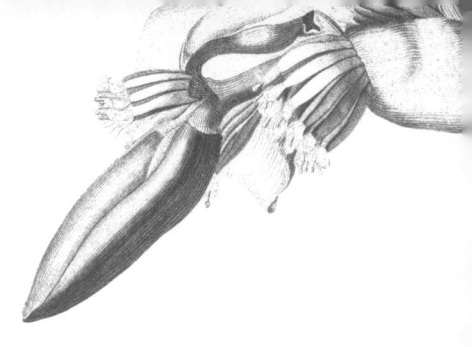

항상 앓는 나의 숨결이 오늘은
해월(海月)처럼 게을러 은빛 물결에 뜨나니

파초 니의 푸른 옷깃을 들어
이닷 타는 입술을 축여 주렴

그 옛적 사라센의 마지막 날엔
기약 없이 흩어진 두 낱 넋이었어라

젊은 여인들의 잡아 못는 소매 끝엔
고운 손금조차 아직 꿈을 짜는데

먼 성좌와 새로운 꽃들을 볼 때마다
잊었던 계절을 몇 번 눈 위에 그렸느뇨

차라리 천년 뒤 이 가을밤 나와 함께

빗소리는 얼마나 긴가 재어 보자

그리고 새벽 하늘 어데 무지개 서면
무지개 밟고 다시 끝없이 헤어지세

— 이육사

장미

장미가 곱다고
꺾어보니까
꽃포기마다
가시입니다

사랑이 좋다고
따라가 보니까
그 사랑 속에는 눈물이 있어요

그러나 사람은
모든 사람은
가시의 장미를 꺾지 못해서
그 눈물 사랑을 얻지 못해서
섧다고 섧다고 부르는구려

— 노자영

만년청(萬年靑)

두 이파리로 폭 싸서
빨간 열매를 기르는 만년청
영원한 결합이 있다 뿐입니다

서로 그리는 생각은 멀리멀리
천 필 명주 길이로 나뉘어도
겹겹이 접어 그넷줄을 꼬지요

하물며 한 성안에 사는 마음과 마음
오다가다 심사 다른 것은
꽃과 잎의 홍(紅)과 청(靑)이지요.

— 김명순

꽃에 물을 주는 뜻은

꽃물 주는 뜻은
봄 오거던 꽃 피라는 말입니다.

남들이 말합니다
마른 이 땅 위에 어이 꽃 필까

그러나 나는 뜰에 나가서
꽃에 물을 줍니다
자모(慈母)의 봄바람이 불어 오거든
보옵소서 담뿍 저 가지에 피는 붉은 꽃을

한 포기 작은 꽃에
물 주는 뜻은
여름 오거든 잎 자라라는 탓입니다.

남들이 말하기를—

가을 오거든 열매 맺으라는 탓입니다.
남들이 말하기를
돌과 모래 위에 어이 열매 맺을까

그러나 나는
꽃에 물을 줍니다.
황금의 가을 볕 쪼일 제
보옵소, 저 가지에 익어 달린 누런 열매를.
폐라운 이 땅 위에 어이 잎 자라날까

그러나 나는 날마다 쉬지 않고
꽃에 물을 줍니다
여름 하늘 젖비가 나리거든
보옵소, 가득 저 가지에 피는 푸른 잎을.

한 포기 작은 꽃에
물 주는 뜻은
한 포기 작은 꽃에
물 주는 뜻은
님의 마음을 아니 어기랴는 탓입니다.

꽃 필 때에는 안 오셨으나
잎 필 때에는 안 오셨으나
열매 맺을 때에야 설마 아니 오실까.

오늘도 나는 뜰에 나가서
물을 줍니다. 꽃에 물을 줍니다.

— 오일도

일경초

나는 소나무 아래서 놀다가
지팽이로 한줄기 풀을 부질렀다.
풀은 아모 반항도 원망도 없다.
나는 부러진 풀을 슬피한다.
부러진 풀은 영원히 이어지지 못한다.

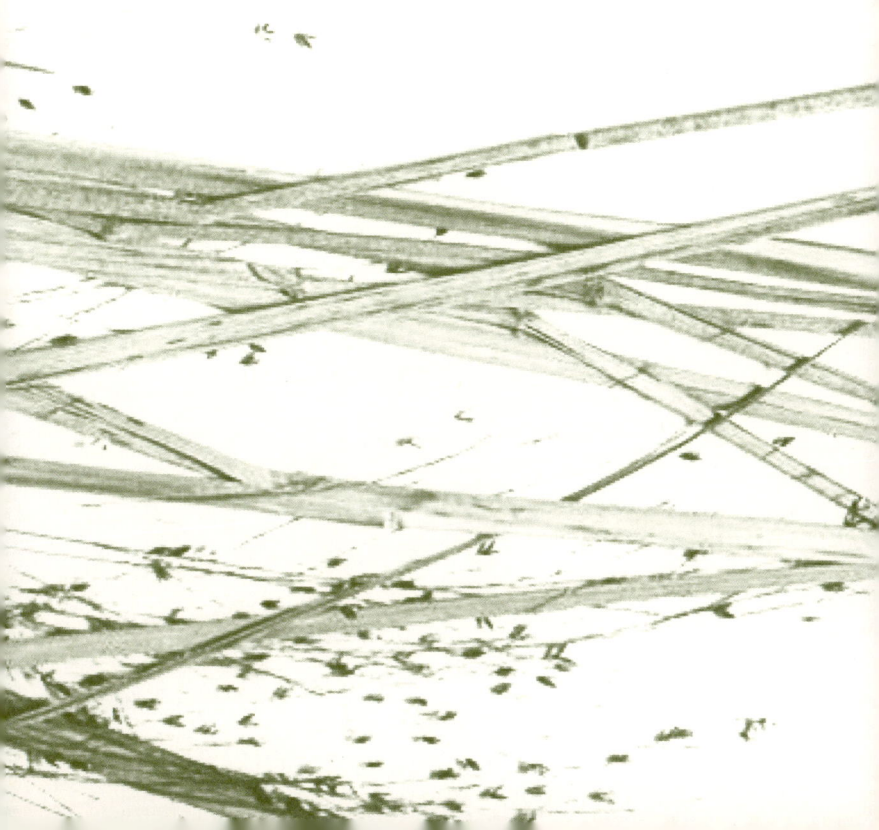

내가 지팽이로 부질러지 아니하였으면
풀은 맑은 바람에 춤도 추고 노래도 하며
은 같은 이슬에 잠자고 키쓰도 하리라.

모진 바람과 찬 서리에 꺾이는 것이야 어찌하랴마는
나로 말미암아 슬퍼진 풀을 슬퍼한다.

사람은 사람의 죽음을 슬퍼한다.
인인지사(仁人志士) 영웅호걸의 죽음을 더욱 슬퍼한다.
나는 죽으면서도 아모 반항도 원망도 없는 한줄기 풀을 슬퍼한다.

— 한용운

식물

태양은 모든 식물에게 인사한다.

식물은 24시간 행복하였다.

식물 위에 여자가 앉았고
여자는 반역한 환영을 생각했다.

향기로운 식물의 바람이 도시에 분다.

모두들 창을 열고 태양에게 인사한다.

식물은 24시간 잠들지 못했다.

― 박인환

무명의 구근

이 마음은 땅밑에 잠자는 무명의 구근
동면을 계속한 지 오래여 머리로 지각(地殼)을 부비며
촉촉히 젖어지는 봄비의 촉수를 기다리나니
아, 피고 싶어 붉은 잎 그 정열의 송이로
타고타고 봄 아지랑이 밑에 타고 싶어

이 마음은 날고 싶어하는 하나의 작은 새
우유빛 가는 발로 초록의 나뭇잎을 긁으며
미풍에 바삭이는 먼 신비의 음향을 기다리나니
아, 날고 싶어 푸두둥 저 수흑색(水黑色) 강가에
저 은모래 알알이 빛나는 백사장 위에

이 마음은 울고 싶어하는 하나의 작은 종!
청동의 녹슨 몸으로 새벽 안개를 헤엄치며
새벽 구름을 피로 물들이는 빛난 해를 기다리나니
아, 울고 싶어 땡땡 온 하늘을 주름잡으며

우렁찬 목소리로 가슴을 헤치고 울고 싶어

— 노자영

소리아의 들

소리아*의 땅은 메마르고 차네
언덕과 헐벗은 산맥 가운데
푸른 초원에서 잿빛 경사지에서
향기로운 풀밭에서
봄은 작고 하얀 데이지꽃을
뿌리며 다가오네

첫 번째 붓꽃과
첫 번째 장미를 따 가지고
푸른 오후에 에스피노로 가리라
그녀의 무덤이 있는 에스피노 그 높은 곳으로

— 안토니오 마차도

---

* 스페인 카스티야레온 지방 소리아 주의 주도.

태양의 스케치

쭉 뻗은 나뭇가지 아래
창조의 섭리와
오래되었으면서도 새로 생겨나는
봄의 힘이 생동한다
얘, 꿀벌아, 벌거벗은 나는
너의 운명의 달리아*가 되길 원해
너의 광기와 많은 사람들의
중얼거림 또는 포도주가 되길 원해
하지만 내 사랑은 산들바람과 새의 지저귐의
순수한 광기를 찾고 있지

— 페데리코 가르시아 로르카

---

* 달리아의 꽃말은 '영원한 사랑'이다.

구름처럼 외로이 헤매이는데

골짜기와 언덕 위 높이 떠도는
구름처럼 외로이 헤매이는데
홀연 눈에 들어온 금빛 수선화
무더기로 피어난 금빛 수선화
호숫가 나무 아래 산들바람에
나풀나풀 춤추는 금빛 수선화

반짝반짝 저 하늘 은하수처럼
반짝반짝 별처럼 끊임이 없이
호숫가 따라 돌아 끊임이 없이
이어이어 펼쳐진 금빛 수선화
언뜻 보니 만 송이 금빛 수선화
경쾌히 춤을 추며 머리 흔드네

옆에서는 물결이 춤을 추지만
수선화만 못하네 물결의 춤은

시인이라면 어찌 즐겁지 않을까
그리 유쾌한 무리 함께 있는데
보고 또 보았어도 생각 못했지
그 광경이 가져온 풍요로움을

간혹 멍하니 혹은 생각에 잠겨
침상에 홀로 누워 가만 있자면
고독이 주는 환희, 마음의 눈에
그 수선화 무리가 문득 비치지
그러면 내 마음은 기쁨에 벅차
수선화들과 함께 춤을 춘다네

— 윌리엄 워즈워스

가을의 노래

   오늘 내 마음속에
별빛이 아스라이 떨고 있지만
나는 안개의 영혼 속에서
길을 잃는다. 빛이
내 날개를 자른다.
슬픔의 아픔이
생각의 샘물에 든
추억을 적신다.

   모든 장미꽃들이 희다,
내 아픔만큼 희다,
눈이 내렸을 때만 희다.
전에는 장미꽃들이
무지개를 입고 있었다.
영혼에도 지금
눈이 내리고 있다.

영혼에 내리는 눈이
그늘 속에 사라진
눈송이와 풍경과
생각에 잠긴 사람의 빛에 부딪친다.
장미꽃에 쌓인 눈은 녹아내리지만
영혼에 내린 눈은 그대로 머물고
세월의 굵은 바늘이
장미꽃으로 수의를 만든다.

   죽음이 우리를 차지할 때
눈이 녹을까?
아니면 더 많은 눈이 있고
더 완전한 장미가 있을까?

   우리는 그리스도가
약속한 평화를 알게 될까?
아니면 평화는
결코 우리의 것이 될 수 없을까?

   그리고 만일 사랑이 속임수라면?
몰려드는 어둠이 만일 우리를

어쩌면 실재하지 않는
선의 확실성 속에, 또는
가까이서 맥박치는
악의 확실성 속에 묻어버린다면
누가 우리의 생명을 지켜 줄까?

    죽음이 죽음이라면
시인과 아무도 기억하지 않는
동면하는 것들은
어떻게 되는 걸까?
우리 희망의 태양!
맑은 물! 초승달!
어린이의 마음은!
돌의 거친 영혼은!
오늘 내 마음에
아스라이 떠는 별들이 있고
모든 장미꽃은
내 아픔만큼이나 희다.

— 페데리코 가르시아 로르카

어른거리는 장미

내 영혼의 안개 속에 선 그녀,
나의 장미꽃, 한 줄기 꽃자루.
앵무새 새벽이 날개로
그녀의 머리를 스쳐 나아갔건만
고요한 저녁 시간,
그녀는 말없이 눈웃음 짓네.
잎가에 멈춘 달빛,
가시에 앉은 별빛.

허리에는 엉겅퀴 화환,
빛도 뿌연 장미는 그토록 서러워
햇빛은 어둠에 갇히고
내게는 봄과 새벽마저 꼼짝없이 묶였으니
임이여, 그녀가 쓰러지지 않게 해 주오!
그녀는 떨며 살 운명이라지만
거친 바람이 눈보라의 노래로
그녀를 휘감으며 들쑤신다오.

— 아틸라 요제프

병든 장미꽃

오, 장미여, 병든 장미여
비바람 울부짖는
밤에 날아가는
보이지 않는 벌레가

진홍빛 환희로 이루어진
너의 화단을 찾았으니
그의 어둡고 은밀한 사랑이
네 인생을 파괴한다

— 윌리엄 블레이크

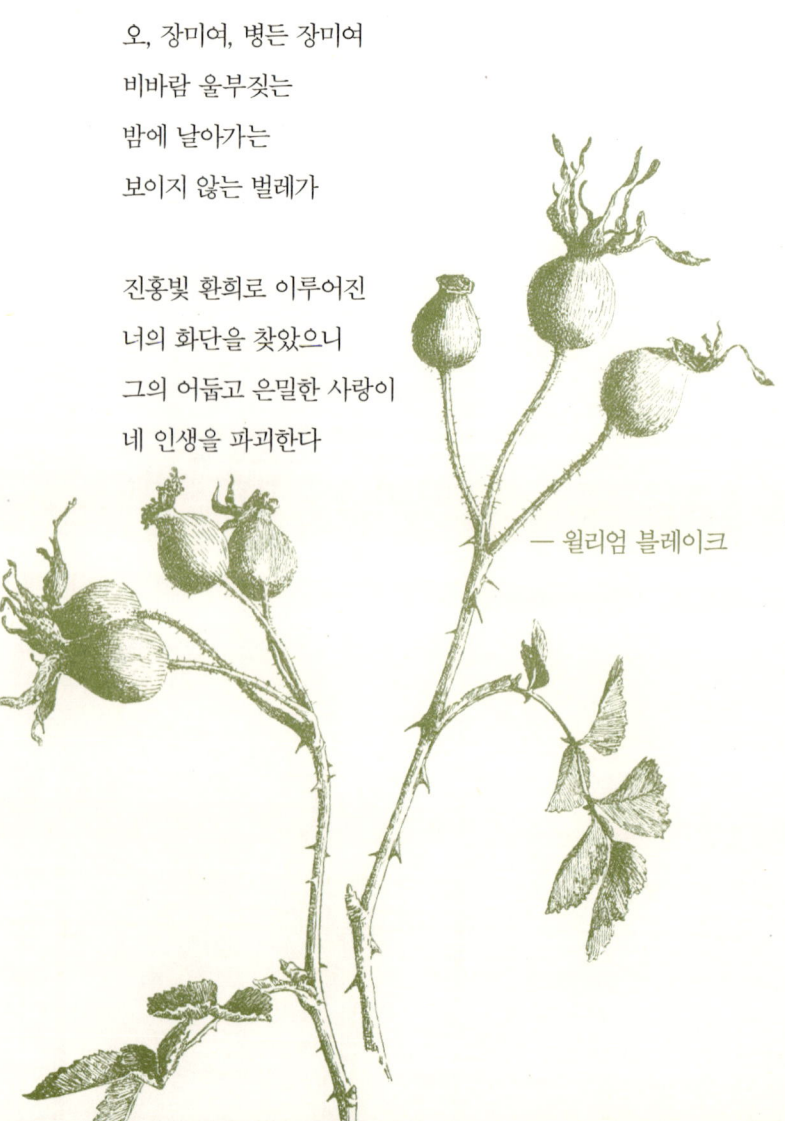

미뇽의 노래

창백한 시트론이 자라는 땅을 아세요?
진한 잎 가운데 금빛 열매가 빛나는 그곳을 아세요?
그곳에선 푸른 하늘이 산들산들 바람을 불이내고
도금양과 월계수가 변함없이 크게 잘 자라고 있어요.
사랑하는 그대여, 그 땅을 잘 알고 있죠?
오, 당신과 함께 그곳에 가고 싶어요!

— 요한 볼프강 폰 괴테

델피카

플라타너스 밑동이나
흰 월계수 아래에 있는
이 오래된 민요를 알아요, 다프네?
올리브나무나 도금양이나
흔들거리는 버드나무 아래에 있는
항상 다시 시작하는
이 사랑의 노래를 알아요?

당신은 거대한 기둥이 떠받치는
신전을 알아볼까요?
입에 시큼한
레몬을 알아볼까요?
용의 씨에 관한 이야기에 나오는
예기치 않은 결말을 감추고 있는
동굴을 알아볼까요?

당신은 유령 때문에 눈물을 흘렸죠
우리는 지진 소리로
징조를 알아내려 했고요

거무스름한 살갗의 마녀가
콘스탄티누스 개선문 아래에 잠들어 있어서
그 차가운 문은 끄떡없어요

— 제라르 드 네르발

우울

장미꽃은 새빨갛고 담쟁이는 시커맸다

내 사랑, 당신이 꿈쩍하기만 해도
내 절망에 불이 붙었지

너무 파랬다, 너무 부드러웠다 하늘은
너무 푸르러웠다 바다는, 너무 향기로웠다 공기는

그래도 난 아직 당신이 사라질까 두려워―
그 고통이란, 그 기다림이란!

밀랍 같은 호랑가시나무가 나는 지겨워
반들거리는 회양목이 지겨워

이 끝없는 시골 풍경이 나는 지겨워
사실 당신 말고는 모든 게 지겨워

— 폴 베를렌

은방울꽃

향기로운 봄날
꽃피는 꽃 중 가장 향기로운 꽃은
은은하고 뒤로 물러나는 듯한
은방울꽃

사람들은 이 겸손한 꽃을
간호사를 뜻하는 꽃으로 삼는다
매일 매 순간
그녀의 숭고한 이상처럼 커가는 백합

은방울꽃처럼
진솔하고 소중한
그녀는 이 땅의 조용한 구석에서
진리와 미덕으로 피어난다

인류의 심장이 피를 흘릴 때

그녀는 도리를 지켜 꼿꼿이 설지라도
아름다운 움직임 속에
자신의 가치를 감춘다

아무도 못 보고 아무도 모르는
어둠의 침묵 속에서
자비와 빠른 친절의 신발을 신고
그녀가 오간다

박수갈채를 받는 중에도
찬란한 날이 밝기 전에는
그녀는 영혼의 향기를 발산하지도
온화함을 거두지도 않는다.

하지만 꿀 향기로 가득한
그녀의 이상적인 꽃처럼
그래도 그녀의 심장은 죽음의 골짜기에서도
아름다움을 꽃피운다.

— 폴 로런스 던바

해바라기

아, 해바라기는! 시간을 보내기가 싫증나
해의 걸음을 쫓는다, 해바라기는
저 향기롭고 금빛도 찬란한 나라를 희구한다.
그곳은 나그네의 여행이 끝나는 곳.

그곳은 갈망으로 야위어 간 청년과
눈의 수의에 덮인 처녀가
무덤에서 일어나 높이 오르는 곳,
이 내 해바라기가 가고 싶어하는 곳.

— 윌리엄 블레이크

나팔수선화

봄이 왔다. 밖에 나와
언덕에 올라 숲속을 거닐자
골짜기를 둘러싼
가시나무 아래엔
앵초꽃이 자란다

아네모네는 아직 쌀쌀한
바람에 흔들거리고
오래 피어 있지 않고

부활절에 지는
나팔수선화는 피어 있으니

소녀들의 오월 봄맞이 축제까지는
앵초꽃도 볼 수 있고
바람에 하늘거리는
아네모네도 볼 수 있지만
그때가 되면 수선화는 볼 수 없으니

지금 꽃바구니 가지고
곱게 단장한 봄 속으로 뛰쳐나가
언덕과 골짜기의
수선화를 따오자
부활절이면 죽는 수선화를

— A. E. 하우스먼

가을

가을이 도시 위에, 내 머리 위에 내려앉는다
내 어두운 마음아, 조용히 경이로워 하렴
나뭇잎 하나 달린 헐벗은 나뭇가지가 어떻게
아스팔트 위에서 백합처럼 온화한 꽃을 피우는지!

무거운 가을, 무거운 발걸음, 나는 늙었다.
내 어두운 마음아, 저주하지 말고 기적을 믿으렴
이 세상 이 도시 어딘가에서
내가 백합처럼 꽃피고 있으니

― 안나 마골린

비너스

나는 너를 이렇게 봤다

꽃과 산들바람이 없이
침대의 껍질 속에 있는
죽은 소녀가 어두워지지 않는
빛 속에서 일어났다.

면 같은 그늘 같은 백합꽃 같은
세상은 창유리에서
사람들의 무한한 왕래를
바라보고 있었다.

죽은 소녀,
사랑이 그녀로부터 흘러나왔다.
거품 같은 홑이불 속으로
그녀의 머리카락이 사라졌다.

죽은 소녀,
그녀 안에 사랑이 흘렀고
거품 같은 홑이불 사이에
그녀는 머리카락을 잃어버렸다.

— 페데리코 가르시아 로르카

스노드롭

환영해요, 환영해요,
이월의 어여쁜 아가씨,
옛날처럼 한결같고
외로운 만물,
추운 날에 오는군요,
즐거운 시간을 알리는 선지자,
장미꽃을 알리는 선지자,
환영해요, 환영해요,
이월의 어여쁜 아가씨!

— 알프레드 테니슨

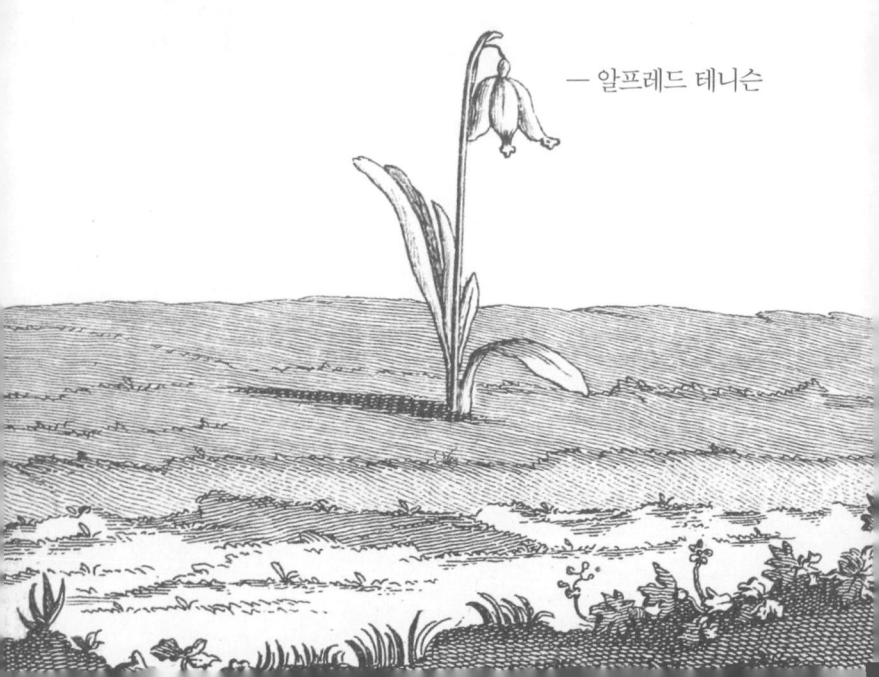

정반대

아, 왈가닥 우리 딸,
미소짓는 너의 행복한 얼굴은
여름날이 향기로운 장미꽃처럼
가장 따분한 곳마저 향기롭게 만드는구나.

아, 요조숙녀 우리 딸,
사랑스런 우리 아기, 엄마는 흡족해,
우리 딸, 엄마가 안고 있어서.
네가 장식이 아니라서.

— 캐서린 맨스필드

놀라운 사랑에 관하여

석고 같은 그 모든
불모지에서도
당신은 사랑의 갈대, 촉촉한 재스민이었지

남쪽 나라와 불 같은 하늘 아래
당신은 내 마음에
눈(雪)의 속삭임이었지

하늘과 들은
내 손 안에서 사슬을 엮었지

들과 하늘은
내 몸에 채찍의 상처를 입혔지

— 페데리코 가르시아 로르카

제비꽃

풀밭에서 자라는 제비꽃
고개를 숙여 보이지 않았네.
향기로운 제비꽃.
양치는 소녀가 다가왔다네,
마음이 자유롭고 발걸음도 가벼이
소녀가 왔다네, 소녀가 왔다네,
꽃과 꽃 사이를 헤치고 노래 부르며.

아! 제비꽃은 생각했다네, 내가 만일
잠시 동안만이라도
가장 향기로운 자연의 꽃이라면
내 사랑이 나를 꺾고 죽어가는
나를 그녀의 가슴에 가져간다면,
그곳에서 단 한 시간만 머물 수 있다면!

아아! 소녀는 그냥 지나쳐 갔다네.

풀밭 속 보이지 않는 제비꽃은
발에 짓밟혔다네, 가엾은 제비꽃은
시들어 죽으면서도 외쳤지—
"나는 죽을지라도, 그래도
나는 그녀에게, 그녀에게,
지나가는 그녀의 발에 밟혀 죽는다네."

— 요한 볼프강 폰 괴테

짧은 연가

당신의 과수원에
석류나무 네 그루가 있어요.

(나의 새로운 심장을
가져요.)

당신의 과수원에
삼나무 네 그루가 자랄 거예요.

(나의 이전 심장을
가져요.)

해가 가고 달이 가고.
그런 다음엔 . . .
심장도
과수원도 없어요!

— 페데리코 가르시아 로르카

베를렌

　　내가 절대로
부르지 않을 노래가
내 입술에서 침묵했다.
내가 절대로
부르지 않을 노래가.

　　반딧불이가
인동덩굴에 앉았고
달빛이
물을 찔렀다.

　　그래서 나는
내가 절대로 부르지 않을
노래를 꿈꿨다.

입술로 채워진 노래,
멀리서 차오르는 노래.

    시간으로 채워진 노래가
그늘 속에서 시간을 셌다.

    영속하는 하루 위에 뜬
별의 노래가.

— 페데리코 가르시아 로르카

오월의 꽃

분홍색이고 작고 어김없고
향기롭고 키가 작고
사월엔 안 보이고
오월엔 눈에 띄고
이끼에게 소중하고
무덤가에 있다고 하고
모든 인간의 영혼 속
울새와 가까이 있고
싱싱하고 작은 꽃
네가 장식한
자연은
죽음을 거부한다

— 에밀리 디킨슨

자두나무

뒷마당 자두나무 자그만 나무
캐작아 나무인가 의아한 나무
난간처럼 울타리 에둘린 나무
아무도 못 들어가 안전하다네

그 작은 자두나무 자라지 못해
그럴 수 있다면야 자라겠지만
그곳에는 햇볕이 너무 안 들어
아무것도 못하네 자두나무는

열매를 맺지 않는 가지를 보면
자두나무일런가 알 수 없지만
우리는 잎을 보면 분명 그것이
자두나무란 것을 알 수 있다네

— 베르톨트 브레히트

빨강 카네이션

언젠가 이상향의 아름다운 정자에서
      빛을 발하며 영원히 사는 이들이 만났다,
그곳을 에덴동산으로 만들어 주는
      꽃들 가운데서 둘만의 상징을 고르기 위해.

희망의 눈을 가진 성실이
      홀로 그 정원으로 내려가
헬리오트로프의 잔가지들을 주워
      자신이 사는 곳에 가져가 한아름씩 놓았다.

진정한 우정은 푸른 담쟁이덩굴을 뽑았다,
      언제나 신선하고 언제나 고운 담쟁이덩굴.
경박한 모습을 한 변덕은
      시드는 앵초꽃으로 옷을 삼았다.

사랑이 장미 앞에 멈추었다.

하지만 아름다움은 장미를 꺾어 머리에 꽂았다.
사랑이 함숨 쉬며 정원을 거닐었지만
　　　자신에게 맞는 상징을 찾지 못했다.

그런 뒤 사랑은 불꽃을 보았다.
　　　큰불이 곧 꽃으로 바뀌었다.
그 꽃은 아름답기로나 향기로나
　　　장미마저 부끄럽게 했다.

사랑은 꽃을 바라보았고 꽃은 시들지 않았다.
　　　사랑이 그 꽃을 땄고 꽃은 색이 더 선명해졌다,
추위에도 더위에도 기가 꺾이지 않았다,
　　　향기와 빛깔도 변하지 않았다.

"죽지 않는 사랑과 정열이 여기에 잠들어 있다."
　　　사랑이 소리쳤다. "이 꽃에 담겨 있다.
이것이 내가 간직할 상징이야."
사랑은 그때부터 카네이션 옷을 입었다.

— 엘라 윌러 윌콕스

철쭉

오월이었다. 바닷바람이 고독에 스며들 때,
숲속에서 갓 자라난 철쭉을 발견했다.
느릿한 시냇물과 황야를 기쁘게 해 주려는지
축축한 구석진 곳에서 잎이 없는 꽃을 피우고 있었다.
물웅덩이에 떨어진 자줏빛 꽃잎의
아름다움이 거무스름한 물을 화려하게 만들어 주었다.
홍관조가 더운 날 깃털을 식히러 이리로 날아왔다가
자신의 치장을 볼품없게 만드는 꽃에게 구애할지 모른다.
철쭉이여! 그 매력을 어찌 땅과 하늘에 낭비하는가

현자들이 묻거든
눈이 아름다움을 보기 위해 만들어졌다면
아름다움은 존재하기 위해 존재한다고 말하라.
너는 왜 그곳에 있는가, 장미의 경쟁자여!
나는 그렇게 물을 생각을 못했고 왜 그런지 전혀 몰랐지만
너를 그곳에 있게 한 권능이 너를 그곳에 데려다 놓았다고
단순하고 무지한 나는 생각한다.

— 랠프 월도 에머슨

제비꽃

그늘진 초록 화단에
수수한 제비꽃이 자라고 있었다
줄기는 휘고 끄트머리엔 꽃머리가 걸려 있었지
아무의 눈에도 띄지 않으려는 듯이

하지만 그건 예쁜 꽃이었네
화사하고 아름다웠지
그곳에 숨어 있지 않다면
장미로 꾸민 정자를 빛낼 수 있었을 텐데

하지만 제비꽃은 불평 없이 꽃을 피웠지
수수한 빛깔로 치장하고서
그늘진 조용한 그곳에는
향기가 감돌았지

하여 나는 골짜기로 가리라,

이 예쁜 꽃을 보러 가리라.
어떻게 하면 나도 향기로운 겸손을
키울 수 있을까 하여.

— 제인 테일러

화원에 꽃이 핀다

    개나리, 진달래, 앉은뱅이, 라일락, 민들레, 찔레, 복사, 들장미, 해당화, 모란, 릴리, 창포, 튤립, 카네이션, 봉선화, 백일홍, 채송화, 다알리아, 해바라기, 코스모스—코스모스가 홀홀히 떨어지는 날 우주의 마지막은 아닙니다. 여기에 푸른 하늘이 높아지고 빨간 노란 단풍이 꽃에 못지않게 가지마다 물들었다가 귀뚜리 울음이 끊어짐과 함께 단풍의 세계가 무너지고 그 위에 하룻밤 사이에 소복이 흰 눈이 나려나려 쌓이고 화로에는 빨간 숯불이 피어오르고 많은 이야기와 많은 일이 이 화롯가에서 이루어집니다.

독자제현! 여러분은 이 글이 씌어지는 때를 독특한 계절로 짐작해서는 아니됩니다. 아니, 봄, 여름, 가을, 겨울, 어느 철로나 상정하셔도 무방합니다. 사실 일년 내내 봄일 수는 없습니다. 하나 이 화원에는 사철내 봄이 청춘들과 함께 싱싱하게 등대하여 있다고 하면 과분한 자기선전일까요. 하나의 꽃밭이 이루어지도록 손쉽게 되는 것이 아니라 고생과 노력이 있어야 하는 것입니다. 딴은 얼마의 단어를 모아 이 줄문을 지적거리는 데도 내 머리는 그렇게 명철한 것은 못됩니다. 한 해 동안을 내 두뇌로서가 아니라 몸으로서 일일이 헤아려 세포 사이마다 간직해 두어서야 몇 줄의 글이 이루어집니다. 그리하여 나에게 있어 글을 쓴다는 것이 그리 즐거운 일일 수는 없습니다. 봄바람의 고민에 찌들고 녹음의 권태에 시들고, 가을 하늘 감상에 울고, 노변의 사색에 졸다가 이 몇 줄의 글과 나의 화원과 함께 나의 일년은 이루어집니다.

　시간을 먹는다는(이 말의 의의와 이 말의 묘미는 칠판 앞에서 보신 분과 칠판 밑에 앉아 보신 분은 누구나 아실 것입니다) 것은 확실히 즐거운 일임에 틀림없습니다. 하루를 휴강한다는 것보다(하긴 슬그머니 까먹어 버리면 그만이지만) 다못 한 시간, 숙제를 못해 왔다든가 따분하고 졸리고 한 때, 한 시간의 휴강은 진실로 살로 가는 것이어서, 만일 교수가 불편하여서

못 나오셨다고 하더라도 미처 우리들의 예의를 갖출 사이가 없는 것입니다. 그러나 이것을 우리들의 망발과 시간의 낭비라고 속단하서서는 아니됩니다. 여기에 화원이 있습니다. 한 포기 푸른 풀과 한 떨기의 붉은 꽃과 함께 웃음이 있습니다. 노트장을 적시는 것보다 한우충동(汗牛充棟)에 묻혀 글줄과 씨름하는 것보다 더 정확한 진리를 탐구할 수 있을런지, 보다 더 많은 지식을 획득할 수 있을 런지, 보다 더 효과적인 성과가 있을지를 누가 부인하겠습니까.

 나는 이 귀한 시간을 슬그머니 동무들을 떠나서 단 혼자 화원을 거닐 수 있습니다. 단 혼자 꽃들과 풀들과 이야기할 수 있다는 것이 얼마나 다행한 일이겠습니까. 참말 나는 온정으로 이들을 대할 수 있고 그들은 나를 웃음으로 맞아 줍니다. 그 웃음을 눈물로 대한다는 것은 나의 감상일까요. 고독, 정적도 확실히 아름다운 것임에 틀림이 없으나, 여기에도 또 서로 마음을 주는 동무가 있는 것도 다행한 일이 아닐 수 없습니다. 우리 화원 속에 모인 동무들 중에, 집에 학비를 청구하는 편지를 쓰는 날 저녁이면 생각하고 생각하던 끝 겨우 몇 줄 써 보낸다는 A군, 기뻐해야 할 서류(통칭 월급봉투)를 받아든 손이 떨린다는 B군, 사랑을 위하여서는 밥맛을 잃고 잠을 잊어버린다는 C군, 사상적 당착에 자살을 기약한다는 D군... 나는 이

여러 동무들의 갸륵한 심정을 내 것인 것처럼 이해할 수 있습니다. 서로 너그러운 마음으로 대할 수 있습니다.

나는 세계관, 인생관, 이런 좀 더 큰 문제보다 바람과 햇빛과 나무와 우정, 이런 것들에 더 많이 괴로워해 왔는지도 모르겠습니다. 단지 이 말이 나의 역설이나 나 자신을 흐리우는 데 지날 뿐일까요. 일단은 현대 학생도덕이 부패했다고 말합니다. 스승을 섬길 줄을 모른다고들 합니다. 옳은 말씀들입니다. 부끄러울 따름입니다. 하나 이 결함을 괴로워하는 우리들 어깨에 지워 광야로 내쫓아 버려야 하나요. 우리들의 아픈 데를 알아주는 스승, 우리들의 생채기를 어루만져 주는 따뜻한 세계가 있다면 박탈된 도덕일지언정 기울여 스승을 진심으로 존경하겠습니다. 온정의 거리에서 원수를 만나면 손목을 붙잡고 목놓아 울겠습니다.

세상은 해를 거듭 포성에 떠들썩하건만 극히 조용한 가운데 우리들 동산에서 서로 융합할 수 있고 이해할 수 있고 종전의 ×*가 있는 것은 시세의 역효과일까요.

봄이 가고, 여름이 가고, 코스모스가 홀홀히 떨어지는 날

---

* 원문에서 판독이 어려운 부분이다.

우주의 마지막은 아닙니다. 단풍의 세계가 있고―이상이견빙지(履霜而堅氷至)―서리를 밟거든 얼음이 굳어질 것을 각오하라가 아니라, 우리는 서릿발에 끼친 낙엽을 밟으면서 멀리 봄이 올 것을 믿습니다.

노변(爐邊)에서 많은 일이 이뤄질 것입니다.

― 윤동주

작가 소개
(가나다순)

괴테, 요한 볼프강 폰 (1749-1832)

독일의 대문호 괴테가 쓴 서정시에는 시인의 체험과 고백이 상징적인 이미지와 독특하게 결합되어 있다. 열세 살에 시집을 낼 정도로 문학신동이었던 괴테는 스스로 시인이라는 데 자부심이 컸고, 그의 시는 슈베르트가 곡을 붙인 「들장미」와 「마왕」처럼 독일 가곡의 대표작으로 거듭났다. 한편 식물을 전문적으로 연구하여 『식물변형론』(1790)을 집필했다. 괴테는 "꽃은 잎이 변한 것"이라는 사실을 발견한 인물이다.

김명순 (1896-1951)

"훌륭한 사람이 되기를 원치 않으며 자유로운 인간이 되기를

원한다." 제1세대 신여성인 김명순은 『생명의 과실』(1925)이라는 시집을 낸 근대 최초의 여성작가이다. 기생의 딸이라는 배경과 일본 유학 시절에 당한 데이트 강간은 그를 평생 옥죄었는데 그럼에도 자유연애와 자유결혼을 주장한 여성해방론자였다. 1939년 도쿄로 건너가 생활고와 병마에 시달리다가 1951년 아오야마에서 사망한 것으로 추정된다.

김소월 (1902-1934)
서른세 살의 나이로 김소월이 사망하자 그의 스승인 김억은 "사람으로의 그의 일생은 너무도 불행이었고 너무도 짧았다"라고 탄식했다. 김억이 자비를 들여 출간한 『진달래꽃』(1925)은 김소월의 유일한 시집이다. 소월은 생계를 위해 고향에서 《동아일보》 지국을 운영했으나 실패로 끝나 극심한 생활고에 시달렸다. 1934년 크리스마스이브에 고향인 평안북도 곽산 자택에서 세상을 떠났다.

김승희 (1952-)
한국 여성문학사에서 독보적인 위상을 차지하는 김승희는 첫 시집 『태양미사』(1979)에서 『도미는 도마 위에서』(2017)에 이르기까지 기존 여성시와는 다른 파격과 모험을 감행해 왔다. 이혜원 문학평론가는 "이상과 현실의 격차에 절망하여 허무주의로 빠져들지 않고 한발 한발 구체적인 실천을 도모해 나간 과정은 김승희 시의 성과"라고 평했다. 고정희상(2003), 한국서정시문학상(2018), 만해문학상(2023)을 수상했다. 현재 서강대학교 국어국문학과 명예교수.

김영랑 (1903-1950)

본명 김윤식. 휘문의숙 3학년 때인 1919년에 3.1운동이 일어나자 고향 강진에서 거사를 일으키려다가 체포되어 반년 동안 옥고를 치렀다. 1920년 일본으로 건너가 청산학원에서 영문학을 공부하며 존 키츠의 시를 탐독했다. 박용철, 정지용 등과 함께 《시문학》 동인으로 참가하여 아호 '영랑'으로 시를 발표했다. 첫 시집 『영랑시집』(1935)은 순수 서정시의 새로운 경지를 개척했다는 평가를 받는다. 6.25전쟁 때 서울을 빠져나가지 못하고 은신하다가 파편에 맞아 유명을 달리했다.

남궁벽 (1894-1921)

1920년 창간된 《폐허》의 동인으로 활약한 남궁벽은 당시 유행하던 퇴폐성 짙은 감상적인 시 대신에 자연과 생명의 시를 썼다. 글벗인 염상섭은 「풀」에 대해 "휴머니즘과 센티멘털리즘의 경향이 역연(歷然)함을 볼 수 있지만, 이것은 군의 전인격에 허식과 과장이 없는 것과 같이 가장 순진하고 솔직한 내적 표현

이라고 생각한다"라고 평했다. 오산학교 교사로 근무하던 중 스물일곱 살에 요절했다.

네르발, 제라르 드 (1808-1855)
프랑스 낭만주의에 일획을 그은 작가이자 저널리스트. 네르발은 열아홉 살에 괴테의 『파우스트』를 프랑스어로 옮기는 야심찬 작업을 시작했고 그의 번역은 1828년에 출간되어 문단의 큰 주목을 받았다. 대표작으로 『불의 딸』과 『환상시집』이 있으며, 1855년 1월 26일에 파리의 한 골목에서 자살한 채로 발견되었다.

노자영 (1898?-1940)
고아로 자란 노자영은 고독하게 살다가 고독하게 세상을 떠났다. 1921년 《동아일보》에 입사하여 기자이면서 문인으로 활동했다. 1923년 연애편지 형식의 소설 『사랑의 불꽃』이 베스트셀러가 되자 퇴사하고 청조사라는 출판사를 차리기도 했다. 1940년 10월 6일, 마지막 숨을 거둔 원서동 셋방에서는 그의 글에 반해서 늦게 결혼했다는 부인이 남편의 죽음을 지켜보았다고 전해진다.

던바, 폴 로런스 (1872-1906)
부모가 노예였던 던바는 집필만으로 생활을 하려고 했던 미국 최초의 흑인 작가였다. 《뉴욕타임스》는 그를 "흑백을 아우르는 진정한 민중 시인"으로 평가했다. 시를 써서 이름을 얻자 미국과 영국에서 시 낭송회를 가졌던 던바는 여러 소설과 시집을 남기고 서른세 살의 나이에 폐결핵으로 세상을 떠났다.

디킨슨, 에밀리 (1830-1886)
20세기 중반 이래 디킨슨은 "미국 최고의 시인"으로 재발견되었고, 아홉 살 때부터 식물학을 공부하고 식물 표본집을 직접 만들 정도로 전문적인 정원사라는 사실도 널리 알려지게 되었다. 1886년에 뇌졸중으로 세상을 떠난 뒤 여동생 라비니아는 1천8백여 편의 시가 든 상자를 발견했고, 1890년 첫 유고 시집이 출간되었다. 동시대 미국의 그 어떤 시인보다 자연을 사랑했으며 뉴잉글랜드 시골의 동식물과 계절의 변화에 깊은 영감을 얻은 시인이었다.

로르카, 페데리코 가르시아 (1898-1936)
1936년 스페인 내전이 일어난 지 얼마 되지 않아 당시 가장 영향력이 큰 시인이었던 로르카는 재판도 없이 사살당했다. 스페인 '27세대'를 대표하는 로르카는 『집시 민요집』(1928)으로 대중적 인기를 구가했는데, 스페인 내전을 일으킨 프랑코와 군부는 그런 로르카를 눈엣가시로 여겼다. 로르카의 암살이 스페인에서 공개적으로 논의될 수 있었던 것은 1975년 프랑코가 죽고 나서였다.

마골린, 안나 (1887-1952)
본명은 로사 하닝 레벤스보임이며 러시아제국 태생의 유대계 미국 시인이다. 1920년에 뉴욕에서 시를 발표하기 시작했고 1929년 첫 시집을 냈다. 마골린은 주로 자신의 심리 상태와 공명하는 자연을 노래했다.

마차도, 안토니오 (1875-1939)
스페인 '98세대'를 대표하는 시인이자 극작가. 니카라과 시인 루벤 다리오의 영향을 받아 모더니즘 운동에 앞장섰다. 친형 마누엘의 관능적인 시풍과는 대조적으로 사색적이고 아름다운 언어로 카스티야의 자연을 노래했다. 스페인 내전 당시 지지했던 공화파가 패하자 1939년 1월 피레네 산맥을 넘어 프랑스로 가는 도중에 객사했다.

맨스필드, 캐서린 (1888-1923)
뉴질랜드 태생의 영국 작가로 독특한 시적인 산문을 구사하는 뛰어난 단편소설 작가였다. 그의 작품은 주로 섬세한 관찰과 완곡한 서술로 심리적 갈등에 치중한다. 단편소설을 하나의 문학 형식으로 발전시키는 데 기여했다.

미스트랄, 가브리엘라 (1889-1957)
라틴아메리카 최초로 노벨문학상을 수상한 칠레의 여성 시인이자 교육자. 첫사랑과 양아들의 자살, 칠레 우익 정부의 탄압, 삼십여 년의 망명으로 점철된 생애는 시와 교육, 여성과 아동의 권리 신장에 헌납됐다. 미스트랄은 세계대전으로 고아가 된 아이들의 열렬한 엄마이자 모성을 상징하는 국제적인 시인이었다. 라틴아메리카에서 출간된 모든 저작물의 인세를 자신이 성장한 몬테그란데의 아동들에게 쓰라는 유언을 남기고 1957년 미국에서 사망했다.

박인환 (1926-1956)
「식물」이 수록된 『선시집』(1955)은 박인환의 첫 시집이자 생전에 발간된 유일한 시집이다. 종로에서 '마리서사'라는 서점을 경영하면서 많은 시인들과 친교를 맺었고 김수영, 김경린 등과 함께 『새로운 도시와 시민들의 합창』(1949)을 발표하여 모더니즘 시 운동을 주도했다. 박인환은 "시를 쓴다는 것은 내가 사회를 살아가는 데 있어서 가장 의지할 수 있는 마지막 것"이라고

『선시집』 후기에서 밝혔다.

백국희 (1915-1940)
『수정과 장미: 현대 여류 시인 선집』(1959)을 펴낸 김남조 시인은 백국희의 시풍을 대단히 섬세하고 청초하다고 평했다. 스물다섯 살에 요절한 백국희는 이화여자전문학교 재학 시절 영문학자 변영로의 수업을 들으며 영국 시인 아서 시먼스의 시를 번역하고, 《신가정》을 통해 등단했다. 이화여자보통고등학교에서 교편을 잡았으며 불행한 결혼 끝에 병사했다.

베를렌, 폴 (1844-1896)
프랑스 문단에서 "시인의 왕"으로 추앙받는 상징주의 문학의 기수. 젊은 시절에 보들레르에 매료되어 모든 구속으로부터 해방된 예술가를 꿈꾸었고, 첫 시집 『토성의 시』(1866)를 비롯해 발표하는 시집마다 자신만의 운율과 시풍으로 높은 평가를 받았다. 말년에는 빈곤과 알코올 중독으로 고통받았으나 그의 시는 존경받았고 드뷔시와 같은 유명 작곡가들에게 영감의 원천이 되었다.

브레히트, 베르톨트 (1898-1956)
열다섯 살 쯤부터 시를 쓰기 시작하여 세상을 떠나기까지 약

2,300편에 이르는 시를 남긴 브레히트는 위대한 극작가이기에 앞서 천부적인 시인이었다. "진정한 시는 이념과 씨름할지라도 이념에 속박되지 않는다"며 시인으로서 스스로 설정한 자신의 사명감에 충실했다. 나치를 피해 긴 망명길에 올랐다가 1949년 동독으로 돌아와 베를린앙상블을 창설하고 개막작 《억척어멈과 그 자녀들》을 연출했다.

블레이크, 윌리엄 (1757-1827)
블레이크가 시를 쓰고 판화를 제작했던 18세기 말 영국은 산업혁명의 격동기였다. 그의 시는 지배층의 부패와 폭정, 자본가 계급의 탐욕, 성직자의 무능과 타락이 민중의 삶을 불행으로 떠미는 현실을 폭로하고 비판한다. 《녹색평론》 발행인 김종철 교수는 "블레이크의 시적 노력은 언제나 '억압받고 있는 자들의 해방'이라는 뚜렷한 목표를 겨냥한다"고 평했다. 대표작으로 『순수의 노래』와 『천국과 지옥의 결혼』이 있다.

셰익스피어, 윌리엄 (1564-1616)
영국 역사상 가장 위대한 극작가이자 시인. 젊은 시절 배우로 활동하다가 희곡에 뛰어난 재능을 발휘하여 관객들을 사로잡았다. 시인으로서 재능도 탁월하여 소네트뿐만 아니라 「비너스와 아도니스」와 「루크리스의 능욕」과 같은 장편시도 남겼다. 해럴드 블룸은 셰익스피어가 "인간을 새롭게 창조했고" 문화적 위력이라는 측면에서 그의 작품이 "유일하게 성경과 맞먹는다"고 평했다.

셸리, 퍼시 비시 (1792-1822)

셸리는 19세기 영국 낭만주의 시대에 가장 인기 있는 서정 시인이었다. 옥스퍼드 대학 시절 『무신론의 필연성』이라는 소책자를 출판한 이유로 퇴학 처분을 받았고, 1818년 이후 이탈리아에 정착했다. 그의 시는 어떤 형식이든지 이상주의적인 사랑과 자유를 동경하는 내용과 연결되어 있다. 1822년 7월 요트를 타고 레리치로 가는 도중에 폭풍을 만나 익사했다. 「인생의 승리」는 미완성 유작으로 남았다.

에머슨, 랠프 월도 (1803-1882)

미국의 초월주의 사상가이자 작가. 「철쭉」(1834)은 인간이 자연을 통해 신과 친밀한 관계를 공유할 수 있음을 보여 주는 에머슨의 대표작이다. 이 시의 화자는 꽃의 목적이 무엇인지 고민하고, 꽃은 인간의 이익을 위해서가 아니라 오로지 꽃 자체를 위해서 존재한다고 본다. 헨리 데이비드 소로, 월트 휘트먼, 에밀리 디킨슨 등 많은 미국 시인들에게 큰 영향을 끼쳤다.

오일도 (1901-1946)

한국 최초의 시 전문 잡지《시원(詩苑)》의 발행인. 1922년 도쿄로 건너가 릿쿄 대학 철학부에서 수학했다.《시원》은 1935년 12월 5호를 마지막으로 발행이 중단되었고 광복 후 복간을 꾀했으나 결국 뜻을 이루지 못했다. 오일도는 창간호의 편집 후기에서 "문학을 그 시대의 반영이라면 문학의 골수인 시는 그 시대의 대표적 울음일 것"이라고 말했다.

요제프, 아틸라 (1905-1937)

20세기 헝가리의 가장 위대한 시인으로 꼽히는 요제프는 1905년 부다페스트에서 태어나 서른두 살에 자살했다. 개인적 체험에 근거하여 노동자 계급의 삶을 시로 썼다. 돼지치기, 신문팔이, 행상, 청소부, 과외교사, 선박급사, 건설인부, 은행원, 배달원, 외판사원, 경비원, 속기사 등이 요제프가 평생 거친 직업들이다. "노동자나 시인이나 매일반이긴 하지만. 조금씩 피를 써버리다 그리고 투명해진다."

워즈워스, 윌리엄 (1770-1850)

워즈워스는 케임브리지 대학 재학 시절에 프랑스를 여행하며 프랑스혁명의 급진적 이상에 감화되었고, 그가 탐닉한 민주주의 사상은 민중의 삶을 그들의 소박한 언어로 담아내는 시로

구현되었다. 새뮤얼 콜리지가 참여한 『서정가요집』(1798)은 영국 낭만주의 문학의 시작으로 여겨진다. 1843년 영국 왕실은 워즈워스를 계관시인으로 임명했다.

윌콕스, 엘라 윌러 (1850-1919)
미국의 시인이자 저널리스트였다. 당대의 기준으로 매우 파격적이고 에로틱한 시를 썼다. 열네 살 때 여러 잡지에 시를 발표하기 시작했다. 상업적으로도 성공을 거둔 여성 시인으로 기록된다. 또한 소설과 수필 작가로서 이름을 떨쳤다.

윤곤강 (1911-1950)
1930년 일본으로 건너간 윤곤강은 센슈 대학에서 법철학을 전공했고, 졸업과 동시에 귀국하여 조선프롤레타리아예술동맹 약칭 '카프(KAPF)'에 가담했다. 1934년 제2차 카프검거사건 때 체포되어 옥고를 치렀다. 문예지 《시학》(1939)의 동인으로 활동했으며 불안과 절망을 노래하는 데카당트한 시풍이 특징이다.

윤동주 (1917-1945)
유고 시집 『하늘과 바람과 별과 시』(1955)에는 「화원에 꽃이 핀다」를 포함한 네 편의 산문이 실려 있다. 원래 이 시집은 윤동주가 1941년 연희전문학교 졸업을 기념하여 한정판으로 출간

하려 했으나 뜻을 이루지 못했고, 1945년 큐슈 후쿠오카 형무소에서 사망한 지 수 년이 지나서야 발표되었다. 윤동주는 책 제목을 '병원'으로 하고 싶어 했는데, 그 이유는 후배인 정병욱의 회고에 따르면 "당시 세상이 온통 환자투성이"였기 때문이라고 한다.

이상 (1910-1937)
한국 현대시의 역사에서 실험적 모더니스트로 평가받는 이상은 조선총독부에서 건축과 기수로 근무하며 필명으로 시와 소설을 발표했다. 여운형이 창간한 《조선중앙일보》에서 연재한 「오감도」(1934)는 난해함으로 일대 센세이션을 불러일으켰다. 문학동인 구인회(九人會)에서 활동했으며 박태원의 『소설가 구보씨의 1일』에 삽화를 그려 주기도 했다. 1937년 일제 경찰에 피검되어 조사받던 중 폐결핵이 악화되어 사망했다.

이육사 (1904-1944)
의열단과 조선혁명군사정치간부학교 출신의 항일 독립운동가이자 사회주의 혁명가. 시인으로서 활동은 1930년 《조선일보》에 「말」을 발표하면서 시작했고, 시 동인지 《자오선》(1937) 발간에도 참여했다. 이육사는 당시 많은 문인들이 일제에 부역했던 것과는 정반대의 길을 걸었던 '민족시인'이다. 1944년 1월 베

이징 감옥에서 사망했다.

커밍스, E. E. (1894-1962)

화가이기도 했던 에드워드 에스틀린 커밍스는 시가 언어 예술뿐만 아니라 시각적인 예술이 될 수 있음을 인지한 최초의 미국 시인이다. 하버드 대학교 졸업 후 1차 세계대전에 자원해 프랑스로 건너갔고 그곳에서 접한 아방가르드 예술에서 큰 영향을 받았다. 첫 시집 『튤립과 굴뚝』(1923)을 시작으로 전위적인 실험시에서 전통적인 소네트에 이르기까지 시의 내용과 주제에 맞게 다양한 기법을 사용했다. "커밍스는 전통주의자들 중에서 가장 모던하고, 모더니스트들 중에서 가장 전통적이다."

테니슨, 알프레드 (1809-1892)

영국 빅토리아 여왕 시대를 대표하는 계관시인. "영국 시인 중에서 가장 섬세한 귀의 소유자"라는 평가를 받을 정도로 청각적인 어휘를 즐겨 사용했고, 뛰어난 기교와 자신만의 문체로 "언어의 왕"으로 칭송받는다. 『인 메모리엄』은 1833년 빈에서 객사한 친구 A. H. 핼럼을 추도하기 위해 17년 동안의 감회를 모은 시집으로 테니슨의 대표작이다.

테일러, 제인 (1783-1824)
영국의 저명한 여성작가 앤 테일러의 딸로 태어났다. 자장가 「반짝반짝 작은 별」의 가사를 쓴 시인으로 널리 알려져 있다. 『유아를 위한 시』의 성공 이후 『동요』(1806)와 『유아를 위한 찬송가』(1810)를 출판했다. 1824년 유방암으로 세상을 떠났다.

페소아, 페르난두 (1888-1935)
루이스 드 카모잉스 이후 가장 걸출한 포르투갈 시인으로 추앙받는다. 십대 시절 포르투갈 영사인 양아버지가 있는 남아프리카공화국에서 성장하여 영어에 능숙하고 월트 휘트먼과 에드거 앨런 포의 작품을 포르투갈어로 옮겼다. 페소아는 자신의 실명뿐만 아니라 대략 75개의 다른 이름으로 글을 썼는데 해럴드 블룸은 "그의 환상적인 창조는 보르헤스를 능가한다"고 평했다.

하우스먼, A. E. (1859-1936)
알프레드 에드워드 하우스먼은 낭만적 비관주의를 간결한 문체로 노래한 영국의 고전학자이자 시인이다. 순진하고 우울한 청년의 모습을 그린 『슈롭셔의 청년』(1896)으로 젊은 독자들을 사로잡았다. 1922년에 발표한 『마지막 시』(1922)는 대학 시절 동급생이자 평생 사모했던 모세 잭슨이 캐나다에서 죽어 간다는 소식을 듣고 그동안 써 온 시들을 모은 책이다.

한용운 (1879-1944)
1919년 3월 1일 토요일 오후 2시, 민족대표 33인이 모인 종로에서 승려 한용운이 외친 "대한독립만세" 삼창을 시발점으로 3.1운동이 시작되었다. 『님의 침묵』은 민족항일기인 1926년에 출간된 한용운의 대표작이다. 김우창 문학평론가는 『궁핍한 시대의 시인』에서 한용운의 '님'을 절대적 진리나 민족으로 보며 우의적으로 해석하는 태도를 비판하기도 한다. 한용운은 광복을 불과 일 년 남기고 입적했다.

휘트먼, 월트 (1819-1892)
1855년 7월 4일 미국 독립기념일에 출간된 『풀잎』에서 휘트먼은 완전히 새로운 시를 창조해냈다. 자비로 낸 이 책의 첫 시 「나 자신의 노래」는 파격적인 형식과 전복적인 내용으로 휘트먼을 "미국문학의 심장"으로 만들어 놓았다. "민주주의의 미래는 민중의 손에 달려 있다"고 믿었던 휘트먼은 문화와 예술, 정치 분야의 엘리트 의식을 격렬히 꾸짖은 시인이었으며 뱃심 좋게도 스스로를 찬미하고 노래한 무상의 개인주의자였다.

옮긴이 **이루카**

서울에서 태어나 브루클린과 마드리드에서 성장했다. 비교문학을 공부했으며 여성과 소수자 문학에 많은 관심을 두고 있다. 번역서로 가브리엘라 미스트랄 시집 『밤은 엄마처럼 노래한다』가 있다.

모든 슬픔이 사라진다
미선나무에서 아카시아까지 시가 된 꽃과 나무

초판 발행 2024년 1월 29일

지은이 김승희 · 에밀리 디킨슨 외
옮기고 엮은이 이루카
번역저작권 © 이루카 2024
펴낸곳 아티초크 (Artichoke Publishing House)
출판등록 제25100-2013-000008호
주소 경기도 성남시 분당구 탄천상로 164, A-303 (13631)
전화 031-718-1357 | **팩스** 031-711-1351
홈페이지 artichokehouse.com

이 책의 전부 또는 일부를 재사용하려면
반드시 번역 저작권자와 아티초크 출판사의 동의를 받아야 합니다

ISBN 979-11-86643-16-7 03810